Einsterns Schwester
leicht gemacht

3

Themenheft 4
Lesen

Herausgegeben von
Roland Bauer, Jutta Maurach

Erarbeitet von
Wiebke Gerstenmaier,
Sonja Grimm,
Martina Schramm

Cornelsen

Inhaltsverzeichnis

So kannst du mit den Heften arbeiten

Du machst alle
Seiten der Lernportion 1.

Zuerst im grünen Heft.	Dann im roten Heft.	Dann im gelben Heft.	Und dann im blauen Heft.

Danach machst du in
allen Heften die Lernportion 2.

Nun machst du in
allen Heften die Lernportion 3.

Genauso bearbeitest du
alle anderen Lernportionen.

1 Ohne Fehler lesen üben

1 Lies die Wörter Zeile für Zeile.

Segel
Segelschiff
Segelschifffahrt

Piraten
Piratenschatz
Piratenschatzkisten
Piratenschatzkistenversteck

Regen
Regenbogen
Regenbogenfarben
Regenbogenfarbenspiel

2 Lies die Sätze Zeile für Zeile.

Tim schlägt.
Tim schlägt Lisa.
Tim schlägt Lisa am Nachmittag.
Tim schlägt Lisa am Nachmittag vor zu baden.

Lisa liest.
Lisa liest Tim.
Lisa liest Tim im Schwimmbad.
Lisa liest Tim im Schwimmbad vor.

3 Lies die Wörter und Sätze einem Partnerkind vor.

1 Genau lesen üben

1 Lies die Wörter.
Markiere im zweiten Wort, was anders ist.

falten fallen	gehen geben	Tonne Tanne	Sieger Siegel
Moor Moos	Zange Zunge	Kasten Kisten	müssen küssen
Hase Hose	kämmen kommen	lassen hassen	Schutz Schatz

2 Finde in jeder Reihe das falsche Wort. Streiche es durch.

blinken blinken blinken blinken hinken blinken blinken blinken blinken blinken

blinken Blinker blinken blinken blinken blinken blinken blinken blinken blinken

blinken blinken blinken blinken blinken blinken blinken blicken blinken blinken

blinken blinken blinken winken blinken blinken blinken blinken blinken blinken

3 Suche dir ein Partnerkind.
Lest euch die Wörter abwechselnd Zeile für Zeile vor.

lange Stange Kasten Rand Kante fast Art Zange wandern Garten

Lenker Ring links bringen winken hinter singen trinken wickeln

küssen blind wissen Bus Gruß Liste trüb Füße müssen grün um

Arbeit albern Angst Aster arm Ärmel am Amsel angeln alt Anker

hexen Wecker lecken Bretter Hetze kleckern Kekse petzen jetzt fett Werk

heißen heizen niesen Riese beißen Weizen wiehern kreischen kriechen

1 Passende Sätze finden

1 Lies genau. Kreuze die richtigen Sätze an.

- ○ Im Mund hat jeder Mensch eine Zange.
- ○ Im Mund hat jeder Mensch eine Zunge.

- ○ Lola isst gern Salat mit Nudeln.
- ○ Lola isst gern Salat mit Nadeln.

- ○ Beim Sport müssen alle Kinder schnell rennen.
- ○ Beim Sport müssen alle Rinder schnell rennen.

- ○ Lisa und Tim sind schon lange gute Freunde.
- ○ Lisa und Tim sind schon lange gute Feinde.

- ○ Der Lehrer liest ein Märchen vor.
- ○ Der Lehrer liest ein Mädchen vor.

2 Unterstreiche in den Satzpaaren in 1 die Wörter, die anders sind.

3 Verbinde passend.

Tim und Lisa	liest etwas vor.
Der Lehrer	sind Freunde.
In der Klasse	haben alle frei.
Am Sonntag	fährt bis vor die Schule.
Der Bus	ist es oft laut.

1 Immer längere Wörter lesen üben

1 Lies die Wörter. Übe mehrmals.

ob	in
ab	im
als	auf
aus	aber
jetzt	Eltern
trotz	albern
raus	Bücher
darum	drinnen
warum	schlafen
weshalb	Maikäfer
Bücherei	schaukeln
Trampeltier	Autoreifen
Lattenzaun	Schulferien
Warteraum	Grundschule
Bergsteiger	Schwimmhalle
Blumenwiese	Gartenpflanzen
Gartenzwerg	Unterrichtsstunde

2 Lest euch die Wörter abwechselnd vor.
Übt mehrmals.

3 Tragt in die Kästchen bei 1 ein,
wie oft ihr die Wörter zusammen gelesen habt.

1 Sätze Bildern zuordnen

1 Zu jedem Satz gehört ein Bild.
Ordne passend zu.

1 Ein dicker rot-weißer Turm steht auf einer kleinen Insel aus Sand.	2 Ein dicker rot-gelber Turm steht auf einer großen Insel aus Sand.	3 Ein dicker rot-gelber Turm steht auf einer kleinen Insel aus Felsen.
4 Ein dünner rot-gelber Turm steht auf einer großen Insel aus Sand.	5 Ein dünner rot-weißer Turm steht auf einer kleinen grauen Insel aus Felsen.	6 Ein dicker rot-weißer Turm steht auf einer großen grauen Insel aus Felsen.

2 Schreibe das Lösungswort auf.

1	2	3	4	5	6

1 Nicht passende Wörter in Absätzen finden

1 In jedem Absatz findest du zwei Wörter, die nicht passen.
Streiche sie durch.

Auf der Wiese

Auf der Wiese ist viel los ~~kalt~~. Besonders runde im Frühling und im Sommer fliegen und krabbeln viele kleine Tiere umher.

Die Bienen Netze fliegen auf die Blüten und saugen Nektar. An ihren Beinen bleibt Blütenstaub hängen. Dann klebrigen fliegen sie zur nächsten Blüte. So tragen sie den Blütenstaub weiter.

Wenn es nicht zu sonnig ist, kommt die Schnecke aus ihrem Spinne Haus. Sie streckt ihre Fühler aus und kriecht durch das Gras. Ihre Eier legt sie in eine Erdhöhle. Daraus schlüpfen viele kleine Autos Schnecken.

Der Marienkäfer hat sechs Beine Tassen. Er kann viele Mäuse Läuse fressen. Man sieht ihn oft im Garten. Auf seinem Rücken sind sieben schwarze Punkte.

2 Lies den ganzen Text von **1** nochmals.
Prüfe deine Lösung.

1 Über das eigene Lernen nachdenken

Stelle deine erste Lernraupe fertig.
Suche dir jemanden aus,
mit dem du deine erste Lernraupe
besprechen willst.

Ende:

… ohne Fehler lesen.

… genau lesen.

… passende Sätze finden.

… immer längere Wörter lesen.

… Sätze Bildern zuordnen.

… nicht passende Wörter in Absätzen finden.

Was hat dir beim Lernen in Lernportion 1 gefallen?

Besonders gut fand ich, …

Ich fände es besser, wenn …

2 Unterschiedliche Texte benennen

1 Lies die Wörter und Texte.

Eintrittskarte | Einladung | Terminzettel

Kassenzettel | Anzeige | Rezept

schneller Pizzateig
(für ein großes Blech):

500 g Mehl
1 Päckchen Trockenhefe
2 Teelöffel Salz
250 ml lauwarmes Wasser
4 Esslöffel Olivenöl

Liebe Eltern der Klasse 3a,

wir möchten euch gern zu unserem Fest einladen. Es findet am Freitag, dem 17. Mai, in unserer Klasse statt. Es gibt auch Limo und Kuchen.

Bitte meldet euch bis zum 10.5. an.
Eure Klasse 3a

401020023100605571

Schwimmbad Neustadt

TAGESKARTE
KIND
3,50 EUR

Buchhandlung Küsteler
Valentinstr. 9, 79900 Enderberg
Steuernummer 23129/44531
www.bücher-küsteler.de

Jim Knopf und Lukas der Lokomotivführer	
ISBN 978-3-522-17650-7	14,99 EUR
Die kleine Hexe	
ISBN 978-3-522-10580-4	11,99 EUR
Ferien im Möwenweg	
ISBN 978-3-7891-2025-1	14,99 EUR
SUMME:	**41 ,97 EUR**
BAR:	50,00 EUR
ZURÜCK:	8,03 EUR

Dr. med. Birgit Baier
Zahnärztin

Ihre nächsten Termine

Tag	Datum	Uhrzeit
Fr	24.05.	16.00 Uhr

Junge Familie mit einem Kind sucht 3-Zimmer-Wohnung mit Stellplatz und Balkon.
✉ unter Z 137856 an den Verlag

2 Schreibe in 1 unter jeden Text den passenden Begriff.

STOPP

2 Eine Anleitung lesen und ausführen

1 Lies die Teile der Anleitung.

Einen Becher basteln

1	Falte ein Blatt Papier so, dass die untere Kante genau auf der Seitenkante liegt.

2	Schneide den Streifen oberhalb des entstandenen Dreiecks ab. Lege das Dreieck mit der offenen Spitze nach oben. Falte die offene Spitze nach unten bis zur Kante des Dreiecks und wieder nach oben. So erhältst du eine Markierung.

3	Falte jetzt die linke Spitze zur rechten Kante der Markierung. Falte danach die rechte Spitze zur linken Kante der Markierung.

4	Falte die beiden oberen Spitzen nach unten, eine davon nach vorne, die andere dann nach hinten. Fertig ist der Becher.

2 Verbinde jeden Abschnitt mit dem richtigen Bild. Die gelb markierten Wörter helfen dir.

3 Bastle den Becher nach der Anleitung.

2 Einem Interview Informationen entnehmen

1 Lies den Text.

So ein Mist!

Spannende Berufe: Stephan Paspalaris ist Tierpfleger

Von Stefanie Köhler

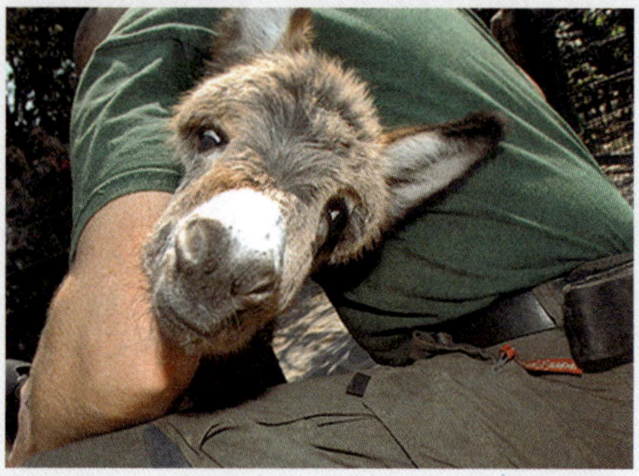

Dieser Mann muss sich ziemlich viel Mist ansehen – denn Stephan Paspalaris ist der Chef vom Schaubauernhof der Wilhelma. Mit sechs Kollegen kümmert er sich um 110 Tiere wie Esel, Trampeltiere, Ziegen und Schafe. Viel Zeit zum Streicheln bleibt ihm nicht. Er benötigt viele Stunden, um die Ställe und Gehege zu reinigen und die Tiere zu füttern.

Herr Paspalaris, welche Aufgaben haben Sie?
Ich kümmere mich darum, dass neue Tiere auf den Bauernhof kommen, und verkaufe andere. Außerdem muss ich die Ställe und Außengehege putzen, die Tiere reinigen, Hufe auskratzen, sie striegeln und füttern.

Die Putzarbeit klingt echt anstrengend.
Das ist sie auch. Ein Tierpfleger muss kräftig zupacken können und bei Wind und Wetter draußen arbeiten. Wir beginnen um 7 Uhr die Ställe auszumisten, die Tiere zu putzen und zu füttern. Das dauert drei Stunden.

Reicht es, die Ställe zu reinigen?
Den Kuhstall putzen wir mehrmals. Ein Mitarbeiter kümmert sich nur um die Kühe, weil sie so viel Arbeit machen. Auch die Ställe der Trampeltiere reinigen wir zweimal am Tag.

Wie oft bekommen die Tiere Futter?
Die meisten Tiere füttern wir nur morgens. Der Trog der Kühe ist dagegen immer gefüllt. Die Ponys und Esel bekommen abends nochmals was. Auch die Hirsche und Trampeltiere kriegen ein Betthupferl wie einen Apfel.

Bleibt Ihnen Zeit, die Tiere zu streicheln?
Wenig. Aber das ist nicht schlimm, weil die Besucher viele Tiere im Streichelzoo knuddeln. Wenn ich eine Kuh kraule, streckt sie den Hals in die Höhe. Die anderen Kühe, die das sehen, laufen dann aus dem Stall und sind ganz ungeduldig, bis sie endlich dran sind. Ein gutes Verhältnis zu den Tieren ist wichtig.

Welche Tiere sind am frechsten?
Die Kühe stellen sich gerne auf den Wasserschlauch, wenn wir den Stall ausspritzen. Sie wissen, dass wir uns ärgern, wenn kein Wasser mehr fließt.

Wie wird man eigentlich Tierpfleger?
Man macht eine Ausbildung, die drei Jahre dauert. Gut ist, wenn man schon einmal mit Tieren gearbeitet hat und einen guten Schulabschluss hat. ◇

STECKBRIEF
Name: Stephan Paspalaris
Geburtsjahr: 1974
Wohnort: bei Winnenden
Lieblingsessen: Lasagne
Ich fürchte mich vor: Spinnen

In einem **Interview** werden berühmte Leute oder interessante Personen befragt.

2 Beantworte die Fragen zu Seite 14.

a) Welchen Beruf hat Stephan Paspalaris?

Stephan Paspalaris ist von Beruf

b) Welche Aufgaben hat er? Nenne zwei Beispiele.

Er

c) Wann werden die meisten Tiere gefüttert?

Die meisten Tiere

d) Wie ärgern die Kühe gern ihren Pfleger?

Die Kühe

e) Wie wird man Tierpfleger?

2 Merkmale von Märchen kennenlernen

1 Lies den Text.

Märchen gibt es in allen Ländern der Welt. Es sind Geschichten, in denen viel passiert. Tiere oder Dinge können im Märchen sprechen. Es gibt Hexen, Riesen oder auch Zwerge. Die Figuren im Märchen haben es oft nicht leicht. Sie müssen Aufgaben lösen oder Gefahren überstehen. Am Ende siegt dann das Gute.
In Märchen spielen oft die Zahlen Drei, Sieben und Zwölf eine große Rolle. Es kommen auch Sprüche oder Reime vor. Am Anfang heißt es oft: Es war einmal ... Auch am Schluss gibt es oft besondere Sätze.
Märchen wurden früher nur erzählt. Die Brüder Grimm haben viele Märchen vor 150 Jahren aufgeschrieben. Im Jahr 1812 erschienen die von den Brüdern gesammelten Märchen als Buch.

2 Unterstreiche in 1 farbig:

a) wo es Märchen gibt,
b) was Märchen sind,
c) was Figuren im Märchen tun müssen.

3 Kreuze an, was stimmt.

- ◯ Märchen gibt es in allen Ländern der Welt.
- ◯ Im Märchen siegt immer der Stärkste.
- ◯ Zahlen spielen im Märchen eine große Rolle.
- ◯ Die Drei, die Fünf und die Zehn kommen oft vor.
- ◯ Auch Reime und Sprüche kommen im Märchen oft vor.
- ◯ Märchen wurden früher von Kindern aufgeschrieben.
- ◯ Die Brüder Graus haben Märchen gesammelt.
- ◯ Im Jahr 1812 erschienen die Märchen der Brüder Grimm als Buch.

2 Ein Märchen zusammenstellen

1 Stelle dir ein eigenes Märchen zusammen.
Kreuze dazu in jedem Absatz eine Zeile an.

Es war einmal
- ◯ ein altes, braves Mütterlein.
- ◯ ein schönes Töchterlein.
- ◯ ein fröhliches Knäblein.

Obwohl es sehr arm war, lebte es zufrieden
- ◯ mit seinen zwölf Ziegen in einem warmen Stall.
- ◯ mit seinen drei Brüdern in einer kleinen Hütte.
- ◯ mit seinen Gänsen in einem alten Haus am Wald.

Alle mochten es gern leiden, denn
- ◯ es war lieb und gut.
- ◯ es war nett und fröhlich.
- ◯ es wusste immer einen guten Rat.

Eines Tages, als es Holz sammelte, begegnete es einem
- ◯ Männlein mit weißem Bart.
- ◯ weißen Täubchen.
- ◯ alten Weib.

Das reichte ihm
- ◯ einen alten Schlüssel
- ◯ eine goldene Münze
- ◯ eine graue Feder

und sprach:
- ◯ „Lege dies in der Nacht unter dein Bett."
- ◯ „Vergrabe dies hinter deiner Hütte."
- ◯ „Schenke dies dem Nächsten, den du triffst."

Es tat wie ihm befohlen. Und als es am nächsten Morgen wach wurde,
stand da ein schöner Königssohn und sprach:
- ◯ „Du hast mich erlöst. Nun hast du drei Wünsche frei."
- ◯ „Du hast mich gerettet. Ab heute sollst du in meinem Schloss wohnen."
- ◯ „Du hast mich erlöst. Ich will dir Gold und Silber schenken."

Und wenn sie nicht gestorben sind,
so leben sie noch heute.

2 Lest euch eure Märchen gegenseitig vor.

2 Ein Märchen lesen und verstehen

1 Lies das Märchen.

Das Hirtenbüblein

Es war einmal ein Hirtenbüblein, das war wegen seiner weisen Antworten, die es auf alle Fragen gab, weit und breit berühmt. Der König des Landes hörte auch davon, glaubte es nicht und ließ das Bübchen kommen.

Da sprach er zu ihm:
„Kannst du mir auf drei Fragen, die ich dir vorlegen will, Antwort geben, so will ich dich ansehen wie mein eigen Kind, und du sollst bei mir in meinem königlichen Schloss wohnen."

Sprach das Büblein:
„Wie lauten die drei Fragen?"

Der König sagte: „Die erste lautet: Wie viele Tropfen Wasser sind in dem Weltmeer?"

Das Hirtenbüblein antwortete: „Herr König, lasst alle Flüsse auf der Erde verstopfen, damit kein Tröpflein mehr daraus ins Meer läuft, das ich nicht erst gezählt habe, so will ich Euch sagen, wie viele Tropfen im Meere sind."

Sprach der König: „Die andere Frage lautet: Wie viele Sterne stehen am Himmel?“

Das Hirtenbüblein sagte: „Gebt mir einen großen Bogen weiß Papier“, und dann machte es mit der Feder so viele feine Punkte darauf, dass sie kaum zu sehen und fast gar nicht zu zählen waren und einem die Augen vergingen, wenn man darauf blickte. Darauf sprach es: „So viele Sterne stehen am Himmel als hier Punkte auf dem Papier, zählt sie nur.“ Aber niemand war dazu imstand.

Sprach der König: „Die dritte Frage lautet: Wie viele Sekunden hat die Ewigkeit?“

Da sagte das Hirtenbüblein: „In Hinterpommern liegt der Demantberg, der hat eine Stunde in die Höhe, eine Stunde in die Breite und eine Stunde in die Tiefe; dahin kommt alle hundert Jahr ein Vöglein und wetzt sein Schnäbelein daran, und wenn der ganze Berg abgewetzt ist, dann ist die erste Sekunde von der Ewigkeit vorbei.“

Sprach der König: „Du hast die drei Fragen aufgelöst wie ein Weiser und sollst fortan bei mir in meinem königlichen Schlosse wohnen und ich will dich ansehen wie mein eigenes Kind.“

Brüder Grimm

2 Lies das Märchen noch einmal. Erzähle es dann einem Partnerkind.

2 E-Mails lesen und ergänzen

E-Mails sind **elektronische Briefe.** Sie werden am Computer oder am Handy geschrieben und über das Internet in Sekunden verschickt.

1 Lies die E-Mails von Tom und seiner Oma.

An:

Betreff: Besuch

Hallo Oma,

ich darf am Wochenende zu dir kommen! ☺

LG
Tom

Lieber Tom,

ich freue mich auch auf zwei Tage mit dir. ☺ Bitte erledige aber deine Hausaufgaben diesmal vorher! Sonst musst du am Sonntagabend alles machen und das macht ja keinen Spaß. ☹
Schreib mir noch, wann dein Zug ankommt.
Wer bringt dich denn zum Bahnhof?

Viele liebe Grüße!

Oma

2 Ergänze die Antwort-Mail von Tom.

Liebe ________,

mein ________ kommt um 10:12 Uhr an.

Papa ________

Ich ________

Dein ________

2 Über das eigene Lernen nachdenken

Stelle deine Lernraupe fertig.
Suche dir jemanden aus,
mit dem du deine Lernraupe
besprechen willst.

Ende:

… eine Anleitung lesen und ausführen.

… unter-schiedliche Texte benennen.

… einem Interview Informationen entnehmen.

… ein Märchen zusammen-stellen.

… Merkmale von Märchen kennenlernen.

… ein Märchen lesen und verstehen.

… E-Mails lesen und ergänzen.

Ich kann zügiger arbeiten, wenn ich allein arbeite.

Ich kann besser arbeiten, wenn ich mit anderen zusammenarbeite.

3 Bilder zum Verstehen nutzen

1 Sieh dir die Bilder an.

A

B

C

D

2 Kreuze die Bilder an, zu denen du schon etwas weißt.

3 Tauscht eure Gedanken und euer Wissen zu den Bildern in 1 aus.

Bildunterschriften erklären, was auf Bildern und Fotos zu sehen ist.

4 Ordne die folgenden Bildunterschriften den vier Bildern aus 1 zu.

1. Die Helden von Bern — Bild ___
2. Platzverweis — Bild ___
3. Fußball – ein sehr altes Spiel — Bild ___
4. Der tollste Fußball-Pokal der Welt — Bild ___

5 Vergleicht eure Lösungen von 4.

3 Überschriften zum Verstehen nutzen

Überschriften passen zu einem ganzen Text.
Zwischenüberschriften passen zum Inhalt eines **Absatzes**.
Ein **Absatz** ist ein Teil eines Textes.

1. Lies die Überschrift und die Zwischenüberschriften.
Überlege, worum es in jedem Absatz gehen könnte.

Die Geschichte des runden Leders

1. Die Anfänge des Fußballspiels
2. Ohne Regeln geht es nicht!
3. Die Fußball-WM
4. 1954: Der erste WM-Titel für Deutschland

2. Kreuze an, was zu den Zwischenüberschriften passt.

1. Die Anfänge des Fußballspiels

- ◯ Was ein Fußball kostet
- ◯ Wann die Menschen anfingen, Fußball zu spielen

2. Ohne Regeln geht es nicht!

- ◯ Was im Fußball verboten ist
- ◯ Wer in der Mannschaft mitspielen darf

3. Die Fußball-WM

- ◯ Eine Weltmeisterschaft und der Sieger
- ◯ Eine Limo, die grün ist wie der Rasen

4. 1954: Der erste WM-Titel für Deutschland

- ◯ Deutschland hat ein Buch gewonnen.
- ◯ Deutschland wurde Weltmeister im Fußball.

3 Absätzen Bilder zuordnen

1 Lies den Text.

Die Geschichte des runden Leders

1. Die Anfänge des Fußballspiels Bild

Schon vor über 4000 Jahren wurde bei den Chinesen eine Art Fußball gespielt. Auch die Maya und Azteken in Südamerika kannten eine Art Fußball, ebenso die Römer und Griechen. Der Ball war damals aus ausgestopften Tierhäuten oder luftgefüllten Schweinsblasen.

2. Ohne Regeln geht es nicht! Bild

Erst die Engländer stellten im 19. Jahrhundert genaue Regeln auf. Jetzt dauerte das Spiel 90 Minuten und das Handspiel war verboten. Im Jahr 1970 wurde bei einer Weltmeisterschaft zum ersten Mal die Rote Karte eingesetzt. Zuvor wurden Platzverweise mündlich ausgesprochen.

3. Die Fußball-WM Bild

Die erste Fußball-Weltmeisterschaft wurde 1930 in Uruguay ausgerichtet. Es nahmen 13 Mannschaften teil. Heute sind im Weltfußballverband FIFA 209 Länder vertreten. Den FIFA-WM-Pokal gibt es seit dem Jahr 1974.

4. 1954: Der erste WM-Titel für Deutschland Bild

Deutschland war schon immer begeistert vom Fußball. Am 4. Juli 1954 machte Helmut Rahn die deutsche Mannschaft mit seinem 3:2-Treffer gegen Ungarn zum Weltmeister. Ganz Deutschland jubelte und feierte die „Helden von Bern“.

2 Ordne den Absätzen die Bilder von Seite 22 zu.

3 Absätzen Überschriften zuordnen

1 Lies die Absätze.

Wir Kinder aus Bullerbü gehen alle zusammen zur Schule. Wir müssen schon um sieben von zu Hause weggehen, denn wir haben ja einen weiten Weg.

Dann besuchten wir alle Großvater und erzählten ihm, dass wir uns verkleidet hätten. Er konnte es ja leider nicht selbst sehen. Aber wir spielten ihm Theater vor, ein Theaterstück, das wir uns selber ausdachten. Lasse spielte eine giftige Tante. Nein, wie haben wir über ihn gelacht! Großvater lachte auch, obwohl er nicht sehen konnte, sondern nur hören.

Dann gruben wir uns in das Heu ein. Es roch herrlich, aber es pikste auch. Nachdem wir uns in die Pferdedecken eingewickelt hatten, lagen wir aber richtig gut.

Astrid Lindgren

2 Schreibe über jeden Absatz in 1 die passende Überschrift.

Eine Nacht auf dem Heuboden | **Die Schule fängt wieder an** | **Wir besuchen den Großvater**

3 Sich auf einer Seite aus dem Internet auskennen

1 Sieh dir die Seite aus dem Internet an.

2 Beantworte die Fragen.

STOPP

a) Wie heißt die Seite aus dem Internet? ______

b) Welcher Begriff wurde bei „Ich suche" eingetippt? ______

c) Welche Seite ist für Fußballfans interessant?

______

d) Worauf musst du klicken, um deine Meinung zu sagen? ______

e) Wo bekommst du Tipps für deine Suche im Internet? ______

3 Über das eigene Lernen nachdenken

Stelle deine Lernraupe fertig.
Suche dir jemanden aus,
mit dem du deine Lernraupe
besprechen willst.

Ende:

… Bilder zum Verstehen nutzen.

… Überschriften zum Verstehen nutzen.

… Absätzen Bilder zuordnen.

… Absätzen Überschriften zuordnen.

… mich auf einer Seite aus dem Internet auskennen.

Wie hast du mit anderen Kindern zusammengearbeitet?

Ich habe super mit ____________ zusammengearbeitet. Wir hatten die Idee, …

Ich bin besser vorangekommen, nachdem wir …

4 Antworten in einem Text finden

1 Sieh dir die Fotos an.
Vermute, worum es auf dieser Seite geht.

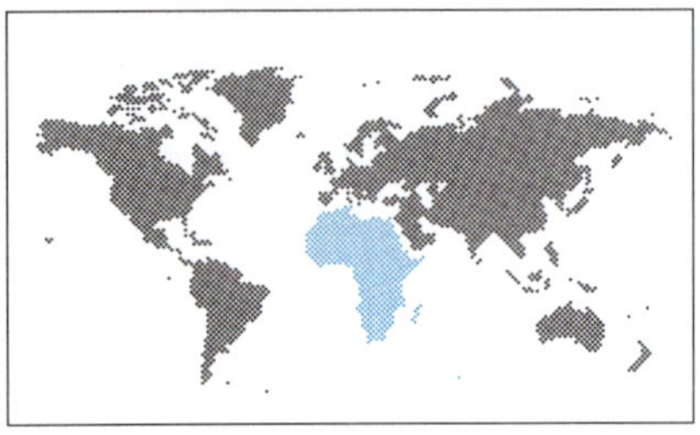

2 Lies den Text.

Kennst du diese Tiere?

Es sind Flusspferde. Die Heimat der Flusspferde ist Afrika. Sie leben in Gebieten mit Seen und Flüssen. Erwachsene Tiere können von der Schnauze bis zum Schwanz mehr als vier Meter lang werden. Sie wiegen bis zu 3500 Kilogramm.

Am riesigen Kopf sitzen die Augen, Ohren und die Nase so weit oben, dass sie aus dem Wasser herausragen, auch wenn das Tier ganz untergetaucht ist. Die mächtigen Eckzähne im Unterkiefer werden oft bis zu 50 Zentimeter lang.

Erwachsene Flusspferde fressen bis zu 50 Kilogramm Pflanzen am Tag. Flusspferdkühe bringen meistens nur ein Kalb zur Welt, selten sind es zwei Jungtiere.

3 Unterstreiche jede Antwort in 2 in der richtigen Farbe.

a) Rot: Wo ist die Heimat der Flusspferde?

b) Blau: Wie lang werden die Eckzähne der Flusspferde?

c) Grün: Wie viele Kälber bringen Flusspferde zur Welt?

4 Wichtige Wörter in einem Text finden

Wichtige Wörter helfen dir,
einen Text besser zu verstehen.

1 Lies den Text.

Der Steinadler

Der Steinadler wird auch als der „König der Lüfte“ bezeichnet. Die großen Vögel meiden die Nähe des Menschen und lieben einsame Gegenden mit Felsen. In den Bergen in Bayern brüten noch etwa 50 Paare. Der Steinadler ist bei uns die zweitgrößte Adlerart. Nur die Seeadler werden etwas größer. Wie alle anderen Adler hat der Steinadler einen krummen Schnabel. Erwachsene Tiere haben ein braunes Gefieder und einen weiß-schwarzen Schwanz. Seine gelben Krallen sind sehr scharf und helfen ihm bei der Jagd.

2 Die Lupen stehen bei wichtigen Wörtern.
Dies können einzelne oder mehrere Wörter sein.
Unterstreiche die wichtigen Wörter.

4 Gezielt Informationen suchen

1 Lies den Text.

Mortimer Morrison pfiff vergnügt durch die Zähne, als das gelbe Warnschild am Straßenrand auftauchte: Vorsicht – Kängurus kreuzen den Weg! Unbedingt wollte Mortimer Morrison ein Känguru in seiner magischen Zoohandlung haben! Viel Zeit blieb ihm nicht mehr. Bald würde ihn die Fähre mitsamt seinem Omnibus nach Hause bringen. Er rückte seine Sonnenbrille zurecht und beugte sich nach vorne, das Lenkrad fest umklammert. Ein Dingo, ein australischer Windhund, lag zusammengerollt auf dem Beifahrersitz. Ein Emu streckte hinter ihm seinen langen Hals zum Fenster hinaus. Ein Schnabeltier döste zufrieden vor sich hin und störte sich nicht daran, dass eine kleine muntere Springbeutelmaus auf seinem Bauch auf und ab hüpfte. Nette magische Tiere, doch, doch. Fehlte nur noch ein Känguru! Der Omnibus rollte auf dem schnurgeraden Highway dahin. Da vorne, eine Känguru-Herde!

Mortimer Morrison trat auf die Bremse, riss die Fahrertür auf und brüllte: „Ich bin's! Mortimer Morrison! Inhaber der magischen Zoohandlung! Kann mich jemand hööören?“

Die Herde hüpfte ungerührt weiter. Na, dann eben nicht! Enttäuscht kehrte Mortimer Morrison zu seinem Bus zurück.

Dass durch die offenstehende Tür ein kleiner Haarnasenwombat hereingetapst war, bemerkte er erst viel später.

Eine Stunde verstrich. An einem Eukalyptuswald ließ Mortimer Morrison den Omnibus ausrollen. Zeit für eine Pause! Er öffnete beide Türen, damit sich auch die Tiere die Beine vertreten konnten. Wie war das noch einmal mit diesen Kängurus? Mortimer Morrison überlegte, was er über sie wusste. ◇

Margit Auer

2 Markiere in **1** folgende Tiernamen:

Dingo | Emu | Schnabeltier | Springbeutelmaus | Haarnasenwombat

4

③ Beantworte die Fragen zum Text auf Seite 30.

a) Mit welchem Fahrzeug ist Mortimer Morrison unterwegs?

Er ist mit

b) Was steht auf dem Warnschild?

Da steht:

c) Warum freut sich Mortimer Morrison über das Schild?

Er will unbedingt

d) Welches Tier liegt auf dem Beifahrersitz?

Dort liegt

e) Welches kleine Tier kommt heimlich in den Bus?

Es ist ein

4 Ein Inhaltsverzeichnis lesen

1 Lies das Inhaltsverzeichnis einer Zeitschrift für Kinder.

Inhalt

2 Beantworte die Fragen zum Inhaltsverzeichnis auf Seite 32.

a) Wie heißt das Titelthema der Zeitschrift.

Das Titelthema heißt

b) Lisa liebt Tiere.
Welche Seiten wird sie wohl lesen?

Lisa wird die Seite 12 über Flusspferde und

die Seite über lesen.

c) Mika soll über Kinder in anderen Ländern berichten.
Welche Seiten soll er lesen?

Mika soll

d) Wo findet man in der Zeitschrift etwas zum Rätseln und Raten?

28
Seite Überschrift

Seite Überschrift

Seite Überschrift

e) Welcher Autor wird auf der Seite 36 der Zeitschrift genannt?

4 Über das eigene Lernen nachdenken

Stelle deine Lernraupe fertig.
Suche dir jemanden aus,
mit dem du deine Lernraupe
besprechen willst.

Ende:

… Antworten in einem Text finden.

… wichtige Wörter in einem Text finden.

… gezielt Informationen suchen.

… ein Inhaltsverzeichnis lesen.

…

Wenn ich mit Lust schreibe, wird es besser.

Ich kann zügig und sorgfältig schreiben, wenn …

5 Zeichen lesen

1 Sieh dir die Zeichen genau an. Verbinde.

Passkontrolle

Abflug

Ankunft

Geldwechsel

Besucherterrasse

Bahnhof

2 Beantworte die Fragen zum Bild.

a) In welchem Terminal ist die Passkontrolle? Terminal

b) Welche Verkehrsmittel erreicht man über Terminal B?

c) In welchem Terminal kann man Geld wechseln?

5 Einen Fahrplan lesen

Mit einem Smartphone kann man im Internet **Informationen finden,** zum Beispiel wann Züge fahren.

1 Lies die Informationen im Handy.

Verbindungen

Von: **Frankfurt (Main) Hbf**
Nach: **Köln Hbf**

Jetzt | Früher

Ab	An	Dauer	Umstiege
Mo.	**7.11.2016**		
15:44	**17:05**	1:21	1
IC – ICE			**ab 19,00 €**
15:44	**18:05**	2:21	0
IC 2022			**ab 19,00 €**
15:58	**18:42**	2:44	1
RB – IC			**ab 31,00 €**
16:10	**17:23**	1:13	1
ICE – S			**ab 39,00 €**

2 Beantworte die Fragen.

a) In welcher Stadt fahren die Züge ab?

in ______________________

b) Wohin geht die Reise?

____

c) Wann soll die Reise sein?
Nenne Wochentag und Datum.

____

d) Wann kommt man an, wenn man um **15:58** Uhr startet?

____

e) Wie lange braucht man, wenn man um **15:44** Uhr mit dem **IC 2022** startet?

____

f) Welchen Zug muss man nehmen, damit die Fahrt möglichst kurz ist?

____

g) Welchen Zug muss man nehmen, wenn man nicht umsteigen will?

____

5 Diagramme lesen

Diagramme sind Schaubilder. Sie stellen Informationen und Zahlen als Bild dar. Diese Diagramme gibt es:

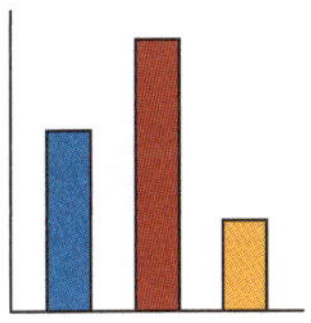

Säulendiagramm

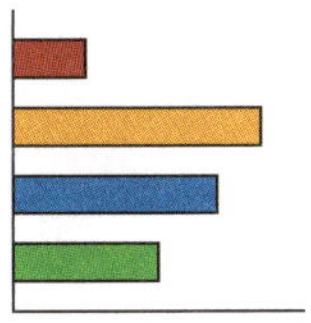

Balkendiagramm

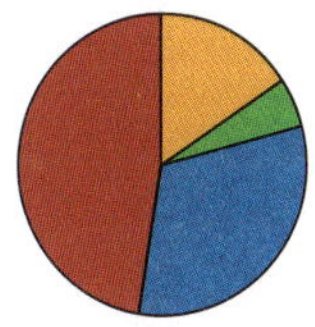

Kreisdiagramm

1 Sieh dir das Diagramm an.

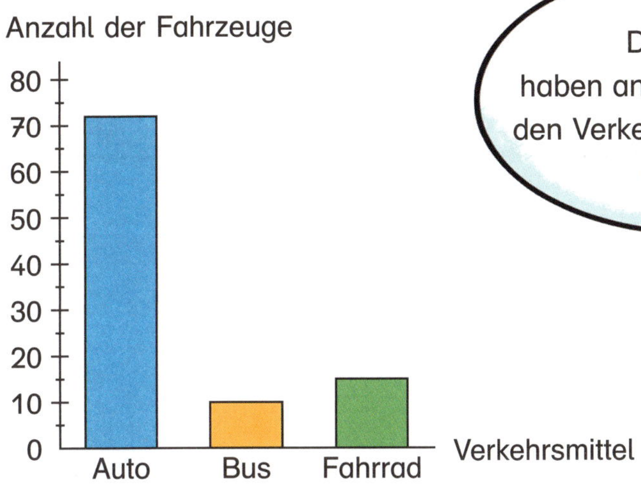

2 Kreuze an, was man im Diagramm in 1 ablesen kann.

Das Diagramm zeigt, …

a) wie viele Kinder an diesem Tag zu spät zur Schule kamen. ◯

b) welche Fahrzeuge an der Schule vorbeifuhren. ◯

c) wie viele Fahrzeuge an der Schule vorbeifuhren. ◯

d) dass Autos am häufigsten vorbeifuhren. ◯

e) wie viele Leute zu Fuß gingen. ◯

f) dass weniger Busse als Fahrräder vorbeifuhren. ◯

3 Sprich mit einem Partnerkind über deine Lösung in 2.

5 In einem Prospekt Informationen finden

1 Lies den Prospekt.

	Preise pro Unterkunft und Woche in Euro		
	Sommer Juni – August	**billiger** April/Mai + September	**am billigsten** Oktober – März
Haus	435,–	355,–	279,–
Zelt	285,–	199,–	149,–

- Pool und Kinderclub (3–9 Jahre) im Preis enthalten
- Surfen, Tennis, Segeln (auch Kurse gegen Gebühr)
- Fahrräder gegen Gebühr
- Hunde willkommen: 5,– Euro am Tag

2 Beantworte die Fragen zu 1.

a) Wie viele Zelte und Häuser gibt es?

Es gibt

b) Für welche Angebote muss man zusätzlich bezahlen?

c) Familie Huber bucht für eine Woche im August ein Haus.
Wie viel kostet das?

d) Was kostet eine Woche im Zelt im Mai?

e) In welchen Monaten ist es am billigsten?

5 Über das eigene Lernen nachdenken

Stelle deine Lernraupe fertig.
Suche dir jemanden aus,
mit dem du deine Lernraupe
besprechen willst.

Ende:

… Zeichen lesen.

… einen Fahrplan lesen.

… Diagramme lesen.

… in einem Prospekt Informationen finden.

…

Ich schreibe gerne Tests, weil …

Ich mag das Schreiben von Tests nicht, weil …

6 Eine Geschichte lesen und verstehen

1 Lies den Text.

Die Geschichte vom Löwen, der nicht schreiben konnte

Der Löwe konnte nicht schreiben. Aber das störte den Löwen nicht, denn der Löwe konnte brüllen und Zähne zeigen. Und mehr brauchte er nicht. Eines Tages traf er eine Löwin, die las in einem Buch und war sehr schön. Eine Löwin, die liest, ist eine Dame. Und einer Dame schreibt man Briefe. Das hatte er von einem Missionar gelernt, den er gefressen hatte. Also brauchte der Löwe Hilfe. Zuerst schrieb der Affe einen Brief für ihn. Darin stand: „Liebste Freundin, wollen Sie mit mir auf die Bäume klettern? Ich habe auch Bananen. Total lecker! Gruß, Löwe.“

„Aber neiiiiiin!“, brüllte der Löwe. „So etwas hätte ich doch nie geschrieben!“

Und der Löwe zerriss den Brief. Dann ging er hinunter zum Fluss. Dort musste das Nilpferd einen neuen Brief schreiben. Der gefiel dem Löwen auch nicht. Also ging er zum Mistkäfer und zum Krokodil. Doch keines der Tiere fand die richtigen Worte.

2 Lies die Briefe der Tiere.

*Liebste Freundin,
wollen Sie mit mir
im Fluss schwimmen
und nach Algen
tauchen?
Total lecker!
Gruß, Löwe*

*Liebste Freundin,
wollen Sie mit mir
auf der Erde
kriechen?
Ich habe Dung.
Total lecker!
Gruß, Löwe*

*Liebste Freundin,
heute Abend gibt es
noch einen Rest
Giraffe.
Komm auch!
Total lecker!
Gruß, Löwe*

3 Schreibe in **2** unter jeden Brief, wer ihn geschrieben hat.

Krokodil | Nilpferd | Mistkäfer

6 Ausdrucksvoll vorlesen

4 Lies weiter.

Zuletzt las der Geier seinen Vorschlag vor.
„Liebste Freundin, ich bin der Löwe und ich bin der Boss hier. Ich will dich kennenlernen!“
Der Löwe nickte zufrieden mit dem Kopf.
Ja, so hätte er das auch gesagt.
Der Geier las weiter:
„Wir können über den Dschungel fliegen.
Ich hab auch Aas. Total lecker! Gruß, Löwe.“

Jetzt reichte es aber!

„Nein!“

… brüllte der Löwe.

„Neiiiiiin! Nein!

nochmals und Nein!“

„Ich würde ihr schreiben, wie schön sie ist.
Ich würde ihr schreiben, wie gerne ich sie sehen würde.
Einfach nur zusammensein. Einfach faul unter einem Baum liegen.
Einfach in den Abendhimmel gucken! Das kann doch nicht so schwer sein!“

Und dann brüllte er los, brüllte all die wunderbaren Dinge, die er schreiben würde, wenn er könnte. Aber der Löwe konnte ja nicht. Und so brüllte er noch eine Weile. „Warum haben Sie denn nicht selbst geschrieben?“ Der Löwe drehte sich um. „Wer will das wissen?“ „Ich“, sagte die Löwin mit dem Buch. Und der Löwe mit den scharfen Zähnen antwortete leise: „Ich habe nicht geschrieben, weil ich nicht schreiben kann.“ Da lächelte die Löwin, stupste den Löwen mit der Nase und nahm ihn mit. ◇

Martin Baltscheit

5 Lest die Geschichte mit verteilten Rollen.
Achtet auf gute Betonung.

6 Über einen Text nachdenken

1 Lies den Text.

Mein Freund Ringo

Seit Tim in die dritte Klasse geht, fährt er jeden Morgen mit der S-Bahn zur Schule. Seine Eltern haben keine Zeit, ihn hinzubringen, denn sie arbeiten beide – der Vater in einer anderen Stadt, die Mutter zu Hause am Computer. Außerdem macht es Tim gar nichts aus, mit der S-Bahn zu fahren. Wer schon in die dritte Klasse geht, ist doch kein kleiner Junge mehr.

Bis wenige Tage vor Weihnachten aber war die S-Bahn-Fahrerei für Tim noch spannender. Da freute er sich jeden Morgen auf die Station Sportfeld. Denn dort stieg Ringo in den Zug. Ringo war Tims bester Freund, obwohl er schon längst erwachsen war.

2 Schreibe auf, was Tim in der S-Bahn denken könnte.

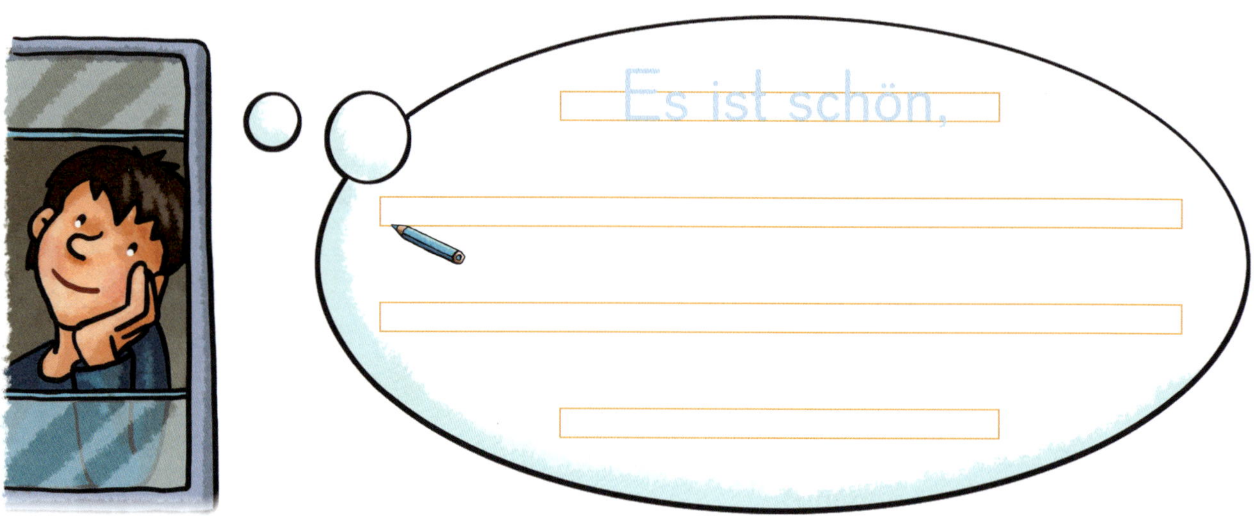

6

3 Lies den nächsten Abschnitt.

Ringo rasierte sich selten und machte sich nie besonders fein. Das hätte zu einem Straßenmusikanten auch gar nicht gepasst. Und zu dem großen, schon sehr abgewetzten Koffer, den Ringo immer mit sich herumschleppte, auch nicht. Als Straßenmusikant hatte er es nicht leicht. Viele Leute gingen einfach an ihm vorüber, andere guckten ihn an, als würden sie ihn am liebsten einsperren lassen. Nur wenige warfen ihm eine Münze in den Koffer. Dabei war Ringo doch ein richtiger Künstler. Wer stehen blieb und ihm, dem Kurti und der Sophie zuhörte und zuschaute, bekam gleich gute Laune. Wer Kurti und Sophie waren? Ringos Mitspieler. Zwei Marionetten. Sie schliefen in Ringos Koffer. Weshalb Ringo nur Ringo gerufen wurde? Weil er an jedem Finger und in jedem Ohr einen Ring trug. Sogar um die Handgelenke trug er welche. Tim liebte Ringos Vorstellungen. Jedes Mal, wenn er aus der Schule kam und über den Marktplatz zum Bahnhof ging, guckte er Kurti und Sophie ein Weilchen zu. Und hörte er Leute schimpfen, zeigte er ihnen heimlich einen Vogel. ◈

Klaus Kordon

4 Unterstreiche im Text zu 3, was Ringo ist.

5 Findest du es gut, wenn Leute auf der Straße Musik machen? Kreuze an.

○ ja, finde ich gut ○ nein, finde ich nicht gut

6 Begründe deine Meinung zu 5.

Ich finde das ______________________________

weil ______________________________

____

6 Über ein Gespräch nachdenken

1 Lest das Gespräch mit verteilten Rollen.

„Könnten wir uns heute Nachmittag treffen?"

„Wann?"

„Vielleicht um drei?"

„Da habe ich Klavierstunde."

„Und um vier?"

„Da muss ich zum Sport."

„Und um fünf?"

„Sport geht bis um halb sechs."

„Schade, um sechs essen wir zu Abend."

„Später kann ich auch nicht mehr.
Wir haben so viele Hausaufgaben auf."

„Morgen kann ich nicht.
Um zwei Gitarrenkurs in der Musikschule.
Halb vier Mathe-Nachhilfe.
Und um sechs noch Hallenhandball."

„Und wie ist es am Freitag?"

„Warte mal! Jetzt muss ich erst meinen Terminkalender suchen.
Aber da ist bestimmt auch viel. Das weiß ich jetzt schon!"

„Ich habe meinen Kalender vergessen.
Weißt du was? Ich rufe dich heute Abend mal an.
Dann habe ich meinen Kalender und wir machen einen Termin aus."

„Du, Freitag geht auch nicht! Da muss ich zum Reiten!"

Rolf Krenzer

2 Sprecht über den Text.

a) Was denkt ihr über das Gespräch?

b) Welchem Kind gehört der Terminkalender?

3 Findet eine Überschrift für den Text.

6 Über das eigene Lernen nachdenken

Stelle deine Lernraupe fertig.
Suche dir jemanden aus,
mit dem du deine Lernraupe
besprechen willst.

Ende:

… eine Geschichte lesen und verstehen.

… ausdrucksvoll vorlesen.

… über einen Text nachdenken.

… über ein Gespräch nachdenken.

…

Am einfachsten fand ich …

Am schwersten war für mich …

7 Medien alphabetisch ordnen

In einer Bücherei werden Bücher und Medien geordnet.
Es gibt Regale zu bestimmten Themen.
Im Regal werden die Bücher **nach den Nachnamen der Autoren geordnet** (**alphabetisch**). Auf dem Buchrücken steht eine Abkürzung, die **Signatur**. Sie hilft beim schnellen Ordnen.
Gru – Lütje = **Gru**selgeschichten von Frau **Lütje**.

1 Ergänze das Alphabet.

A ___ C D ___ F ___ H I ___ ___ L ___ ___ ___ P

Qu ___ S ___ U ___ W ___ ___ ___

2 Ordne die Grusel-Bücher nach den Nachnamen der Autoren.

1 Gru – Arold

2 Gru –

3 ___

4 ___

5 ___

6 ___

7 Ein Kinderbuch kennenlernen

So bekommst du einen **ersten Eindruck** von einem Buch:

1. Sieh dir die Titelseite mit dem Titelbild an.
2. Lies den Klappentext auf der Rückseite des Buches.
3. Blättere im Buch, betrachte die Bilder und lies Überschriften.
4. Lies die ersten Sätze oder andere Stellen, die dir gefallen.

1 Lies und betrachte die Informationen zu dem Buch.

Titelseite

Autorin

Buchtitel

Titelbild

Verlag

Zum Inhalt des Buches

Es ist eine wilde, stürmische Gewitternacht, als Moses zu den Seeräubern kommt:
In einer hölzernen Waschbalje* schaukelt das winzige Baby auf dem tosenden Meer.
Käptn Klaas und seine Männer werden Moses' beste Freunde und Ersatzeltern. Da wird Moses eines Tages von Käptn Klaas' größtem Widersacher*, Olle Holzbein, gekidnappt … ◈

**Balje: Wanne*
**Widersacher: Gegner, Feind*

1. Kapitel,
in dem ein wilder Sturm tost und wir die Kerle von der „Wüsten Walli" kennenlernen

Es war eine wilde, stürmische Gewitternacht, als Moses zu den Seeräubern kam. Die Blitze zuckten nur so am Horizont und dazu rollte der Donner über den Himmel mit einem Krachen wie ein rumpeliges Fass … ◈

2 Überlegt, ob ihr das Buch gern lesen würdet.
Begründet eure Entscheidung.

7 Klappentexte Büchern zuordnen

Die **Inhaltsangabe** auf der Rückseite eines Buches heißt **Klappentext.**

1 Sieh dir die Bücher auf Seite 48 und 49 an.

1

2

3

4

2 Lies die Klappentexte.

Eines Tages bringt das Postschiff ein geheimnisvolles Paket nach Lummerland. Und das versetzt die Bewohner der kleinen Insel ganz schön in Aufregung. Denn darin steckt: Jim Knopf! Dies sind die lustigen und spannenden Abenteuer von Jim Knopf und Lukas dem Lokomotivführer. ◇ A

Als eines Morgens ein riesiges graues Pferd auf der Terrasse steht, traut Herman seinen Augen kaum. Das Pferd heißt Milchmann und seine gewaltigen Lippen zittern, als wolle es gleich losheulen. Das ist schon ungewöhnlich genug, aber noch seltsamer ist, dass auch bei den anderen Kindern Pferde auftauchen … ◇ M

Endlich ist es soweit: Eric darf mit seinem afrikanischen Papa nach Ghana fliegen und seine Oma besuchen. Seinen besten Freund Flo nimmt er mit. In Ghana ist vieles anders als daheim in Bremen. Hier ist es nämlich Flo, der zwischen all den schwarzen Kindern auffällt. Eric und Flo erleben aufregende Tage in dieser anderen Welt. ◇ A

Eine echte Ritterburg als neues Zuhause – kann man sich etwas Cooleres vorstellen? Ja, kann man, findet der neunjährige Max. Denn Burg Geroldseck ist ein Seniorenheim voller schrumpeliger Omas und Opas. Doch als ein Einbrecher die Burg in Angst und Schrecken versetzt, ist Max begeistert: Endlich kann er sich als Detektiv beweisen! ◇ A

7

3 Ordne jedem Buch den passenden Klappentext zu.
Notiere die Lösung.

Lösung: ein Kinderbuchautor

1	2	3	4	5	6	7	8
P							

5

6
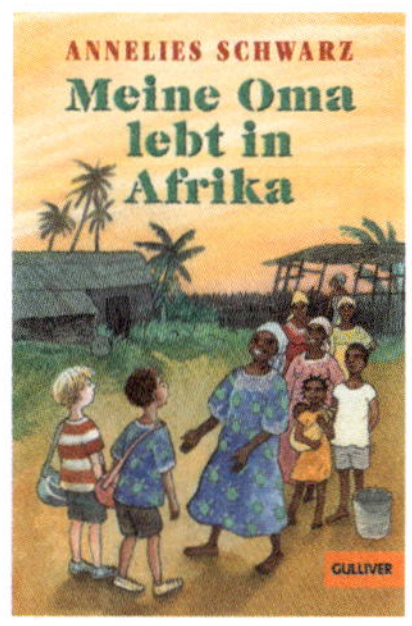

7

8

Ist es nicht schrecklich ungerecht, dass alle Bauern ihrem Ritter gehören und kein bisschen sich selbst? Das findet jedenfalls der Bauernjunge Trenk. Er will es einmal besser haben als sein Vater, der schon wieder auf der Burg Schläge bekommen soll. Und so bricht Trenk mit seinem Ferkelchen am Strick auf in die Stadt, um dort sein Glück zu machen … ◈

R

Mick, Lili, Gordon, Stevie und Susa träumen von einem echten Piratenleben auf hoher See. Als Mick im Garten von Bill dem Buddler die Schatzkarte des Listigen Lars ausgräbt und Lili ein altes Schiff erwirbt, sind die Sommerferien gerettet. ◈

L

Schon immer leben Salila und Oma Henriette in der schönen Wohnung mit der Kastanie vor dem Fenster. Doch dann tauchen Briefe auf, die Oma einfach beiseitelegt. Salila öffnet sie heimlich: Ein Miethai hat ihr Haus geerbt und nun soll es aufwendig saniert werden. Warum liest Oma sie nicht? Bald weiß Salila warum und nimmt die Sache selbst in die Hand … ◈

U

Das Luchsmädchen Lumi lebt schon immer im Funklerwald und kennt jeden Baum und jedes Tier rund um ihren Bau. Der Waschbärenjunge Rus kommt ganz neu in den Wald und sucht dort mit seiner Familie eine Heimat. Als Lumi in eine Felsspalte fällt, hilft Rus ihr aus der Patsche. Aber die anderen Funklerwald-Tiere mögen keine Neulinge … ◈

P

7 Eine Autorin kennenlernen

1 Lies die beiden Texte.

Kirsten Boie ist eine sehr erfolgreiche Autorin. Sie lebt in Hamburg und schreibt Bücher für Kinder. Seit 1985 hat sie über 100 Kinder- und Jugendbücher veröffentlicht.

Interview mit Kirsten Boie

Mit welcher Ihrer Figuren haben Sie am meisten gemeinsam?

Natürlich mit Moses.

Wie gut kennen Sie Ihre Figuren?
Wissen Sie zum Beispiel, was sie am liebsten essen?

Moses mag Sirup, den stibitzt sie sich ja immer bei Marten Smutje, und Rüben mag sie nicht. Linsen gehen so und Dörrfisch auch.

Waren Sie gut in Deutsch?

Ziemlich. Auf Aufsätze habe ich mich immer gefreut. Und wenn die Note mal schlechter war, habe ich gedacht, es liegt daran, dass die Deutschlehrerin nicht erkennen kann, was gut ist.

Was würde Seeräuber-Moses machen, wenn sie Bundeskanzlerin wäre?

Das will sie nicht sein. Sie bleibt lieber eine wunderschöne Prinzessin.

Würden Sie gerne einen Tag mit Seeräuber-Moses verbringen?
Was würden Sie zusammen unternehmen?

Seemannsknoten üben. Aber beim zweiten Treffen dürfte Moses dann aussuchen, was sie machen will. ◇

2 Beantworte die Fragen. Unterstreiche zuvor die Antworten im Text.

STOPP

a) Wo lebt Kirsten Boie? Sie lebt in ____________________

b) Seit wann veröffentlicht sie Bücher? ____________________

c) Was mag Moses? ____________________

d) Was will Moses bleiben? ____________________

____

1 Vom Buch „Seeräuber-Moses“ hast du schon gehört.
Lies hier und auf Seite 52 den Beginn des 12. Kapitels.

Info:
Der böse Olle Holzbein hat Moses gerade auf sein Schiff entführt!

12. Kapitel,
in dem Moses Dohlenhannes kennenlernt und einen gehörigen Schrecken kriegt

Vielleicht glaubst du, dass Moses da unten in der Dunkelheit jetzt vor lauter Angst anfing zu schlottern oder sich sogar in ihre weiten Linsensackhosen machte; aber das tat sie keinesfalls. Dunkelheit unter Deck war Moses ja ihr Leben lang gewöhnt gewesen, weil sie auf der »Wüsten Walli« manchmal heimlich nach unten geschlichen war, um von den Vorräten zu naschen, die Marten Smutje da verstaut hatte; und darum wusste sie auch, dass jede Dunkelheit schon nach einer Weile nicht mehr ganz so dunkel ist, weil die Augen sich nämlich gewöhnen und weil ja außerdem hier und da ein winziger Lichtstrahl zwischen den Planken hindurchfiel, wo das Schiff nicht mehr ganz gut abgedichtet war und mal längst wieder hätte kalfatert werden müssen.

Und wenn du und ich und alle, die wir kennen, dann vielleicht wenigstens aus Angst vor dem gruseligen Mann mit dem Holzbein geschlottert hätten, so tat Moses auch das nicht. Sie hatte ja so lange mit solchen wüsten Kerlen zusammengelebt und daher wusste sie, dass sich manchmal sogar unter der rauesten Schale ein weicher Kern verbirgt. Na, das war in diesem Fall vielleicht nicht ganz so, wirst du merken.

Aber *wütend* war Moses, das kannst du glauben, und mit jeder Minute wurde sie immer noch wütender. Wer will denn wohl schon gerne in einem stinkigen Ziegenkäfig unter Deck eingesperrt sein, in dem er noch nicht mal aufrecht stehen kann? Die Dunkelheit übrigens war jetzt tatsächlich schon nicht mehr ganz so dunkel, und

79

→ Fortsetzung auf Seite 52!

7 Eine spannende Stelle lesen

darum erkannte Moses auch allmählich die Umrisse all der Dinge, die im Laderaum verstaut waren: Und da sah es auf diesem Schiff eigentlich gar nicht so sehr viel anders aus als auf der »Walli«. Es gab Kisten mit zugenageltem Deckel und Fässer, von denen Moses nicht mal ahnte, was da wohl drin sein mochte, und Säcke und Truhen, über deren hölzernen Rand goldene und silberne Ketten hingen; und in der hintersten Ecke lag auch noch ein ziemlich hoher Berg aus gelben Steckrüben, die hatte die Besatzung gerade erst geladen und die sollten wohl mit auf große Fahrt.

»Igittigitt, jetzt auch noch Rüben!«, sagte Moses; denn auch auf der »Walli« hatten sie manchmal tagelang und wochenlang immer nur Rüben gegessen, und ihre Lieblingsspeise waren die ganz bestimmt nicht. »Im Dunkeln eingesperrt sein und dann auch noch Rüben!«

Und gerade als sie überlegte, ob sie jetzt erst mal eine Runde schlafen sollte, um das ganze Elend zu vergessen und auch weil man sonst ja nicht so viel machen konnte in dem schäbigen Käfig, wenn man keine Ziege war, hörte sie plötzlich eine Stimme: Die klang so merkwürdig und so fremdartig und auch ein bisschen gruselig, wie sie noch keine Stimme je gehört hatte in ihrem ganzen Leben, und sofort spürte Moses einen kleinen Knoten in ihrem Magen.

Denn »Rübe ab!« schnarrte die Stimme und dazu hörte Moses sogar auch noch Schritte, die kamen direkt auf sie zu. »Rrrrrrrübe ab!«

Da wuchs der Knoten in ihrem Magen und am liebsten hätte Moses sich irgendwo versteckt; aber in ihrem Käfig gab es ja absolut gar nichts, wohinter sie sich hätte verkriechen können, und darum versuchte sie einfach, nicht an den Knoten in ihrem Magen zu denken, und ballte die Fäuste.

Und dann erkannte sie auch schon die Umrisse einer merkwürdigen gebückten Gestalt, die schlich vorsichtig, ganz vorsichtig näher und näher auf ihren Ziegenkäfig zu, und dabei stieß sie immerzu gegen irgendwelche Kisten und Truhen und Fässer, dass es nur so rumpelte. Die Gestalt kam ja von oben aus der Helligkeit, … ◇

80

Kirsten Boie

② Überlege mit einem Partnerkind, welche Stellen spannend sind. Markiert sie.

7 Eine Buchvorstellung ordnen

So stellst du ein Buch vor:
1. Nenne zuerst **Autor** oder **Autorin** und den **Titel.**
2. **Begründe,** warum du dieses Buch ausgewählt hast.
3. **Erkläre,** worum es geht. Stelle die **Figuren** vor.
4. **Lies etwas vor:** Das kann der Anfang, eine besonders lustige oder eine spannende Stelle sein.
   Erkläre vorher, warum du diese Stelle ausgesucht hast.
5. **Beantworte Fragen** der Kinder.

1 Nummeriere die vier Teile der Buchvorstellung in der richtigen Reihenfolge.

☐ Ich lese euch den Anfang vor, weil man da schon erkennt, wie lustig Tara erzählt: „Ich heiße Tara und bin acht Jahre alt. Das finde ich ein gutes Alter, weil man nicht mehr so klein ist wie die Kindergarten-Babys und die Erste-Klasse-Zwerge, aber erwachsen ist man zum Glück auch noch nicht. Sowieso finde ich, ich habe es schön: Eigentlich finde ich sogar, bei uns haben wir es am schönsten auf der Welt …“

☐ Mein Lieblingsbuch „Wir Kinder aus dem Möwenweg“ ist von Kirsten Boie. Ich mag es sehr gerne, weil es so lustig ist.

☐ In dem Buch geht es um acht Kinder, die alle nebeneinander in 6 Reihenhäusern im Möwenweg wohnen. Tara ist acht Jahre alt und berichtet, wie es war, als alle neu eingezogen und dann zu Freunden geworden sind. Seither hat die Bande viel zusammen erlebt.

☐ Wollt ihr noch etwas wissen?

7 Ein Lieblingsbuch vorstellen

Wenn du ein **Buch** vorstellen willst, kannst du alle Infos auf **Karteikarten** oder auf einer **Klappkarte** aufschreiben.

1 Lies die folgende Klappkarte.

Das große Buch vom Räuber Grapsch

Autorin: Gudrun Pausewang
Verlag: Ravensburger

Das gefällt mir:
- die Geschichte ist lustig
- die Namen der kleinen Grapsche
- der nette Feuerwehrmann

Meine Lieblingsstelle: Seite 6–8

Inhalt:

Räuber Grapsch ist nicht besonders klug, aber fast 2 Meter groß und sehr stark. Mit seinem langen Bart sieht er zum Fürchten aus. Er wohnt in einer Höhle, wo keine Polizei hinkommt. Eines Tages rettet er Olli und die will dann zu ihm ziehen …

Lara

2 Gestalte eine Klappkarte zu deinem Lieblingsbuch.

3

7 Ein Lesetagebuch kennenlernen

In einem **Lesetagebuch** sammelst du **verschiedene Arbeiten** zu einem Buch, das du gerade liest. Hier siehst du Beispiele.

1. Sieh dir die Arbeiten der Kinder an.
Sie haben das Buch über den Räuber Grapsch gelesen.

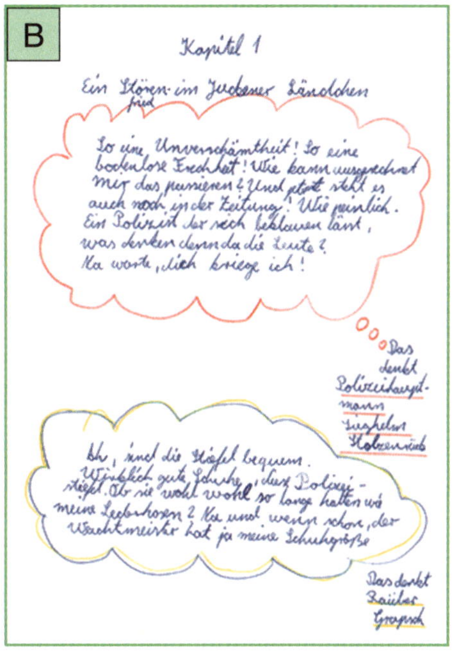

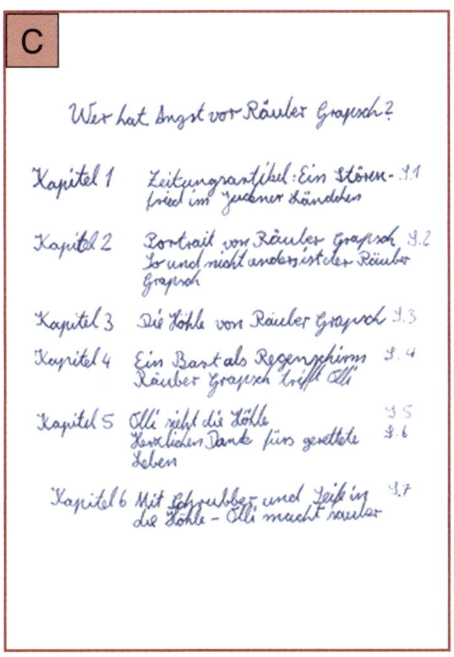

Titelblatt ☐

Inhaltsverzeichnis ☐

Steckbrief ☐

Gedanken einer Figur ☐

2. Ordne rechts zu, was es jeweils ist.

7 Über das eigene Lernen nachdenken

Stelle deine Lernraupe fertig.
Suche dir jemanden aus,
mit dem du deine Lernraupe
besprechen willst.

Ende:

… Medien alphabetisch ordnen.

… ein Kinderbuch kennenlernen.

… Klappentexte Büchern zuordnen.

… eine Autorin kennenlernen.

… eine spannende Stelle lesen.

… eine Buchvorstellung ordnen.

… ein Lieblingsbuch vorstellen.

… ein Lesetagebuch kennenlernen.

Ich würde mir gerne eine eigene Seite ausdenken: …

Wenn ich Lola wäre, würde ich folgenden Tipp geben: …

8 Merkmale von Gedichten kennenlernen

Gedichte sind oft in **Strophen** aufgeteilt.
Die einzelnen Zeilen nennt man **Verse.**

Strophe [**Vers** [Blumen, die eine Wiese bedecken,
Vers [und nach dem Regen die Schnecken. **Reim**

Manchmal **reimen** sich Gedichte.

1 Lies das Gedicht.

Was man nicht zählen kann

Die Wassertropfen
und die weißen Flocken.

Blumen, die eine Wiese bedecken,
und nach dem Regen die Schnecken.

In den Bäumen die Spatzen
und in Rom die Katzen.

Sterne, die vom Himmel fallen,
und im Meer die Muscheln und Korallen.

Max Bolliger

2 Unterstreiche die Reimwörter in **1**.

3 Beantworte die Fragen zum Gedicht.

a) Wie heißt die Überschrift?

b) Wie heißt der Autor?

c) Wie viele Strophen und Verse hat das Gedicht?

Strophen, Verse

8 Ein Gedicht ordnen und aufschreiben

1 Lies die Teile des Gedichts.

Das Samenkorn

☐ Die Amsel hat das Nest erbaut;
dort sitzt sie nun und zwitschert laut.

Joachim Ringelnatz

☐ Aus Mitleid hat sie es verschont
und wurde dafür reich belohnt.

☐ Jetzt ist es schon ein hoher Baum
und trägt ein Nest aus weichem Flaum*.

☐ Das Korn, das auf der Erde lag,
das wuchs und wuchs von Tag zu Tag.

1 Ein Samenkorn lag auf dem Rücken,
die Amsel wollte es zerpicken.

* Flaum = weiche Federn

2 Nummeriere die Teile in der richtigen Reihenfolge.
Die Bilder helfen dir dabei.

3 Unterstreiche in 1 die Reimwörter.

4 Schreibe das Gedicht von Seite 58 in der richtigen Reihenfolge auf.

Das

5 Male ein eigenes Bild zum Gedicht.

8 Ein Gedicht auswendig lernen

1 Lies das Gedicht mehrmals genau.

Die Schnecke im Winter

Naht der Winter,
geh ich ins Haus,
mache die Türe zu,
Winter, bleib drauß.

Zu ist die Türe.
Komme, wer will:
Ich bin zu sprechen
erst im April.

Josef Guggenmos

2 Decke das Gedicht oben ab.

a) Lies das Gedicht im blauen Kasten. Ergänze die Wörter beim Lesen. Decke den blauen Kasten ab.

b) Lies das Gedicht im roten Kasten. Ergänze die Wörter beim Lesen. Decke den roten Kasten ab.

c) Lies das Gedicht im grünen Kasten. Ergänze die Wörter beim Lesen.

d) Decke die Seite ab. Sag das Gedicht auswendig auf.

Die _____ im Winter

Naht der Winter,
geh ich ins _____,
mache die _____ zu,
_____, bleib drauß.

Zu ist die _____.
_____, wer will:
Ich bin zu _____
erst im _____.

_____ im Winter

Naht der _____,
geh _____,
mache _____ zu,
_____, bleib _____.

Zu ist _____.
_____ will:
Ich bin _____
erst _____.

_____ Winter

Naht _____,
_____,
_____ zu,
_____, bleib _____.

Zu _____.
_____ will:
Ich _____
_____.

8 Zu einem Gedicht schreiben

1 Lies das Gedicht.

Wenn ich eine Wolke wäre

Wenn ich eine Wolke wäre,
segelt' ich nach Irgendwo
durch die weiten Himmelsmeere
von Berlin bis Mexiko.
Blickte in die Vogelnester,
rief die Katzen auf dem Dach,
winkte Brüderchen und Schwester
morgens aus dem Schlafe wach.

Wenn ich eine Wolke wäre,
zög ich mit dem Wüstenwind
zu den Inseln, wo die Menschen
gelb und mandeläugig sind
oder braun wie Schokolade
oder mandarinenrot,
wo die Kokosnüsse wachsen,
Feigen und Johannisbrot.

Mascha Kaléko

2 Stell dir vor, du wärst eine Wolke. Schreibe auf, wohin du fliegen würdest.

Ich würde

8 Ein Gedicht vortragen und vertonen

1 Lies das Gedicht leise.

2 Suche dir ein Partnerkind.
Lies das Gedicht nun gut vor.
Werde schneller und lauter,
wenn das Gewitter tobt.
Mache Pausen bei //.

3 Suche dir zwei Kinder.
Überlegt:
– Wie klingt der Donner?
– Wie klingt der Regen?
– Wie könnte der Blitz klingen?

4 Überlegt, wer welchen Teil
des Gedichts spricht.
Übt die passenden Geräusche.

5 Tragt das Gedicht gemeinsam vor.

Gewitter

Der Himmel ist blau
Der Himmel wird grau //
Wind fegt herbei
Vogelgeschrei //
Wolken fast schwarz
Lauf, weiße Katz! //
Blitz durch die Stille
Donnergebrülle //
Zwei Tropfen im Staub
Dann Prasseln auf Laub //
Regenwand
Verschwommenes Land //
Blitze tollen
Donner rollen
Es plitschert und platscht
Es trommelt und klatscht
Es rauscht und klopft
Es braust und klopft //
Eine Stunde lang
Herrlich bang //
Dann Donner schon fern
Kaum noch zu hör'n //
Regen ganz fein
Luft frisch und rein //
Himmel noch grau
Himmel bald blau!

Erwin Moser

8 Über das eigene Lernen nachdenken

Stelle deine Lernraupe fertig.
Suche dir jemanden aus,
mit dem du deine Lernraupe
besprechen willst.

Ende:

… Merkmale von Gedichten kennenlernen.

… ein Gedicht ordnen und aufschreiben.

… ein Gedicht auswendig lernen.

… zu einem Gedicht schreiben.

… ein Gedicht vortragen und vertonen.

Einsterns Schwester 3 leicht gemacht

Themenheft 4
Lesen

Herausgegeben von:	Roland Bauer, Jutta Maurach
Erarbeitet von:	Wiebke Gerstenmaier, Sonja Grimm, Martina Schramm
Fachliche Beratung exekutive Funktionen:	Dr. Sabine Kubesch, INSTITUT BILDUNG plus, im Auftrag des ZNL TransferZentrum für Neurowissenschaften und Lernen, Ulm
Redaktion:	Martina Schramm, Sabine Gerber
Illustration:	Yo Rühmer, Frankfurt am Main
Umschlaggestaltung:	Cornelia Gründer, agentur corngreen, Leipzig
Layout und technische Umsetzung:	lernsatz.de

fex

fex steht für *Förderung exekutiver Funktionen.* Hierbei werden neueste Erkenntnisse der kognitiven Neurowissenschaft zum spielerischen Training exekutiver Funktionen für die Praxis nutzbar gemacht. **fex** wurde vom **ZNL TransferZentrum für Neurowissenschaften und Lernen** *(www.znl-ulm.de)* an der Universität Ulm gemeinsam mit der **Wehrfritz GmbH** *(www.wehrfritz.com)* ins Leben gerufen. Der Cornelsen Verlag hat in Kooperation mit dem ZNL ein Konzept für die Förderung exekutiver Funktionen im Unterrichtswerk *Einsterns Schwester* entwickelt.

www.cornelsen.de

Die Webseiten Dritter, deren Internetadressen in diesem Lehrwerk angegeben sind, wurden vor Drucklegung sorgfältig geprüft. Der Verlag übernimmt keine Gewähr für die Aktualität und den Inhalt dieser Seiten oder solcher, die mit ihnen verlinkt sind.

1. Auflage, 2. Druck 2020

Alle Drucke dieser Auflage sind inhaltlich unverändert und können im Unterricht nebeneinander verwendet werden.

Druck: AZ Druck und Datentechnik GmbH, Kempten

ISBN 978-3-06-084376-3
ISBN 978-3-06-084378-7 (E-Book des Pakets „Einsterns Schwester 3 leicht gemacht")

Dieses Heft ist Bestandteil des Pakets „Einsterns Schwester 3 leicht gemacht" (ISBN 978-3-06-084372-5) und kann auch einzeln bestellt werden.

PEFC zertifiziert
Dieses Produkt stammt aus nachhaltig bewirtschafteten Wäldern und kontrollierten Quellen.
www.pefc.de
PEFC/04-31-2260